MW00901505

Le Stoïcisme

pour les enfants

50 histoires originales pour découvrir le pouvoir de la résilience, de la sagesse et de la stabilité émotionnelle

Coordinateur : Juan Rodriguez

Auteurs : Juan Rodriguez, Morgan Barrett, Anne Moore, Kavya Sharma

Illustrateurs : Mary Banks, Aryan Patel, Ming-Hui Zhang

Traduction : Damien Duquès

Table des matières

Deviens un super-héros émotionnel !

Grâce aux histoires passionnantes de ce livre, tu découvriras les secrets de la maîtrise des émotions et tu libéreras tout ton potentiel. Des flammes ardentes de la colère aux frissons glacés de la peur, tu apprendras à dompter tes émotions et à les utiliser à ton avantage. Ce livre t'apportera les outils dont tu as besoin pour garder ton calme, ton sang-froid et ta sérénité.

Si tu veux apprendre à garder le contrôle et à maîtriser tes émotions comme un super-héros, découvre "La Maîtrise des Émotions pour les enfants" !

Introduction

T'es-tu déjà senti en colère, triste ou effrayé sans savoir quoi faire ? Tu avais peut-être envie de crier ou de pleurer, mais tu n'avais pas l'impression que cela t'aiderait. Et bien, il existe un groupe de personnes appelées les stoïciens qui savaient exactement ce qu'il fallait faire dans ce genre de situation !

Le stoïcisme est une philosophie ancienne qui nous apprend comment être forts, courageux et pleins de sagesse dans les moments difficiles. Les stoïciens étaient des personnes qui ont vécu il y a longtemps, comme l'empereur Marc Aurèle et les célèbres philosophes Épictète et Sénèque. Ils pensaient que nous ne pouvons pas toujours contrôler ce qui nous arrive, mais que nous pouvons contrôler la façon dont nous réagissons.

Marc Aurèle   Épictète   Sénèque

Le stoïcisme est très utile pour les gens d'aujourd'hui parce qu'il nous apprend à être heureux, même quand les choses sont difficiles. Il nous apprend à être honnêtes, humbles et gentils. Il nous apprend à maîtriser nos émotions et nos actions, et à être courageux et forts, même lorsque nous avons peur.

Alors, partons en voyage et découvrons le monde étonnant du stoïcisme ! Tu apprendras à être bienveillant, courageux et plein de sagesse dans n'importe quelle situation. Tu apprendras à être heureux, même quand les choses sont difficiles. Et tu apprendras à contrôler tes émotions et tes actions. Il est temps de devenir stoïcien !

La Résilience et la Persévérance

Explication

La résilience et la persévérance, c'est comme être un aventurier courageux qui n'abandonne pas, même quand les choses deviennent difficiles. Imagine que tu es en train d'escalader une montagne et que c'est très difficile. Tu es peut-être fatigué, tu as faim ou tu as peur. Mais si tu continues, pas à pas, tu arriveras au sommet et tu te sentiras grandi !

Les stoïciens pensent que la résilience et la persévérance permettent de surmonter les difficultés et d'atteindre les objectifs fixés. Lorsque tu es confronté à un problème ou à une situation difficile, tu peux soit abandonner, soit continuer. La résilience et la persévérance te permettent de continuer, même si c'est difficile.

Quand on est résilient et persévérant, on est aussi plus confiant et plus courageux. Tu essayes peut-être quelque chose de nouveau et tu n'es pas sûr d'y arriver. Mais si tu continues à essayer et que tu n'abandonnes pas, tu seras fier de toi et tu pourras faire plus de choses à l'avenir.

Alors, deviens comme un aventurier courageux et utilise ta résilience et ta persévérance pour escalader tes propres montagnes ! Cela peut être difficile, mais si tu continues et que tu crois en toi, tu peux tout surmonter et réaliser tes rêves.

~ Zéphyr et la Tornade ~

Il était une fois, dans une petite ville, une puissante tornade. Les vents ont soufflé, les arbres ont plié et les maisons ont tremblé. Mais une famille était prête. Ils s'étaient préparés à ce moment et s'étaient précipités dans leur sous-sol, se serrant les uns contre les autres alors que la tornade faisait rage à l'extérieur.

Une fois la tempête passée, ils ont retrouvé leur maison en ruines. Les parents étaient dévastés, mais leur fils, un garçon plein d'entrain et de résilience nommé Zéphyr, restait étonnamment optimiste. Ses parents, perplexes, lui ont demandé comment il pouvait être aussi positif face à une telle destruction.

Zéphyr a souri et a répondu : "On est tous sains et saufs, c'est ce qui compte. On peut reconstruire notre maison lentement, à notre rythme. Cela prendra du temps, mais on y arrivera."

Ses parents étaient étonnés de son attitude stoïque et reconnaissants de ses paroles pleines de sagesse. La résilience et la positivité de Zéphyr leur ont donné la force de ramasser les morceaux et de prendre un nouveau départ. Ils ont procédé étape par étape, reconstruisant leur maison et leur vie, sous le regard de Zéphyr.

Au final, ils sont sortis plus forts et plus unis que jamais, grâce à la résilience inébranlable de leur jeune fils, Zéphyr.

~ Un Élève qui n'a Jamais Abandonné ~

Une histoire sur la résilience et la persévérance

Il était une fois un élève assidu nommé Martin, passionné de mathématiques, mais qui avait toujours du mal à comprendre les équations complexes. Peu importe le nombre d'heures qu'il consacrait aux mathématiques, les chiffres semblaient se confondre, le laissant frustré et découragé.

Malgré ces difficultés, Martin a pris la ferme décision de ne pas se laisser abattre. Il s'est adressé à ses professeurs pour leur demander conseil et ils l'ont mis en contact avec des tuteurs exceptionnels spécialisés dans les mathématiques. Ces tuteurs possédaient une capacité unique à décomposer des choses complexes en termes plus simples et plus compréhensibles, ce qui a finalement permis à Martin d'y voir plus clair.

Bien que son parcours n'ait pas été facile, Martin a persévéré avec une détermination totale. Il a passé de nombreuses nuits à étudier des manuels, à chercher de l'aide supplémentaire et à s'entraîner sans relâche jusqu'à ce que les solutions de ces équations complexes se révèlent à ses yeux.

Dans un moment de courage, il a décidé de participer au concours de mathématiques de son école. À son grand étonnement, Martin est sorti vainqueur, défiant toutes les attentes. Son triomphe n'a pas seulement mis en évidence ses prouesses en mathématiques, mais a également servi de témoignage de sa résilience inébranlable.

Grâce à son incroyable parcours de persévérance et de résilience, Martin s'est rendu compte que le travail assidu et la détermination pouvaient mener à des exploits remarquables. Gagner le concours de mathématiques est devenu un symbole de son esprit inébranlable, lui montrant qu'avec de la résilience, tout est possible. À partir de ce jour, Martin a continué à relever n'importe quel défi avec confiance, sachant que ses rêves étaient à portée de main s'il n'abandonnait jamais.

~ Les Pingouins Persévérants ~

Une histoire sur la résilience et la persévérance

Il était une fois, dans l'Antarctique glacial, un frère et une sœur pingouins pleins d'audace, Polly et Peter. Ils passaient leurs journées à se promener, à glisser et à s'éclabousser dans les eaux glacées avec leurs amis.

Un jour, une tâche difficile s'est présentée à eux : apprendre à pêcher du poisson pour leur famille. Polly plongea avec enthousiasme dans l'eau, son bec saisissant les poissons glissants. Elle rata plusieurs fois son coup, mais sa détermination ne faiblit jamais. À chaque tentative, elle devenait plus rapide et plus habile.

Peter, quant à lui, devenait grincheux et impatient. Il abandonnait souvent, quittant l'eau avec des palmes vides. "Je n'y arrive pas," disait-il, ses sourcils de pingouin froncés par la frustration.

Un soir glacial, une violente tempête s'abattit sur leur maison glacée, laissant les pingouins avec peu de nourriture. Les prouesses de Polly en matière de pêche permettaient à sa famille de se nourrir, tandis que le manque d'habileté de Peter le laissait affamé et faible.

Voyant son frère en difficulté, Polly s'approcha en se dandinant, les yeux pleins de bonté. "Peter, dit-elle, je sais que c'est difficile, mais on doit continuer à essayer. N'oublie pas que c'est en s'exerçant qu'on devient meilleur !"

Peter poussa un profond soupir, le moral remonté par les paroles encourageantes de Polly. Ensemble, ils ont bravé les eaux glacées, leurs becs claquant et plongeant jusqu'à ce que Peter attrape enfin son premier poisson !

Depuis ce jour, Peter a appris la valeur de la résilience et de la persévérance, et le frère et la sœur pingouins sont devenus les pêcheurs les plus habiles dans leur maison glacée de l'Antarctique.

~ L'Explorateur qui a Trouvé un Trésor ~

Une histoire sur la résilience et la persévérance

Il était une fois un jeune aventurier nommé Ziggy, qui se lança dans l'exploration d'une jungle dangereuse à la recherche d'un trésor caché. Ziggy savait que le voyage ne serait pas facile, avec un terrain difficile, une faune hostile et des conditions météorologiques dangereuses. Mais il était déterminé à réussir et, avec son sac à dos rempli de provisions, il est parti vers l'inconnu.

Au fur et à mesure que Ziggy avançait dans la jungle, il rencontrait toutes sortes d'obstacles. Il y avait des falaises abruptes à escalader, des rivières déchaînées à traverser et des lianes épaisses à tailler. Et partout où il allait, il semblait y avoir des créatures tapies dans l'ombre, prêtes à bondir à tout moment.

Ziggy a persisté, refusant d'abandonner malgré les difficultés. Mais lorsqu'il atteignit enfin l'endroit de la carte où le trésor était censé se trouver, il ne trouva rien. Ziggy chercha partout, creusa et creusa encore, mais il ne trouva pas un seul morceau de trésor. Il commença à se décourager et faillit perdre espoir.

C'est alors qu'une chose étonnante se produisit. Ziggy leva les yeux et vit un coucher de soleil à couper le souffle du haut de la colline où il se trouvait. Les rayons dorés du soleil faisaient briller et étinceler toutes les choses, créant un paysage magnifique. C'est alors que Ziggy se rendit compte qu'il avait découvert le plus grand des trésors : la persévérance !

Avec un sens renouvelé de la résilience, Ziggy rentra chez lui, fier de sa détermination à ne jamais abandonner. Il savait que l'aventure en valait la peine, même sans le trésor. Ziggy avait en effet découvert que la plus grande récompense ne vient parfois pas de la découverte de richesses, mais de la persévérance dans les situations difficiles.

~ La Fourmi et le Morceau de Sucre ~

Une histoire sur la résilience et la persévérance

Il était une fois, dans une colonie de fourmis très active, une petite fourmi nommée Archie. Un jour, alors qu'il cherchait de la nourriture, Archie tomba sur un énorme morceau de sucre ! Le morceau de sucre était si gros qu'Archie savait qu'il ne pourrait pas le ramener seul à la colonie.

Mais Archie a-t-il abandonné ? Pas du tout ! Avec un regard déterminé dans ses yeux de petite fourmi, Archie a commencé à tailler le sucre en petits morceaux, un morceau après l'autre. Il travaillait sans relâche, jour et nuit, sans jamais abandonner sa quête du trésor sucré.

Les autres fourmis de la colonie regardaient avec admiration Archie s'attaquer à l'énorme morceau de sucre. Certaines riaient et secouaient la tête, pensant qu'il était fou d'essayer. Mais Archie persévéra, sans jamais perdre confiance en lui.

Enfin, après ce qui lui a semblé être une éternité, Archie a coupé le morceau de sucre en plein de tout petits morceaux. Il les transporta tous, l'un après l'autre, jusqu'à la colonie, où il fut accueilli par des acclamations et des applaudissements.

Les autres fourmis se pressaient autour de lui, dévorant avidement les morceaux de sucre qu'Archie avaient eu tant de mal à ramener. Depuis ce jour, Archie est connu comme la petite fourmi qui refuse d'abandonner.

~ L'histoire Inspirante de la Croissance de Sammy ~

Il était une fois une petite graine nommée Sammy. Sammy fut arraché à sa mère, la plante, et se retrouva dans une parcelle de terre sèche et craquelée. Le soleil était chaud et le vent

18

violent. Ce n'était pas l'endroit idéal pour la croissance d'une graine. Mais Sammy était déterminé à en tirer le meilleur parti.

Avec une minuscule pousse verte, Sammy a poussé à travers le sol dur. C'était difficile, mais Sammy refusait d'abandonner. Jour après jour, la pousse s'allongea et se renforça, s'élevant vers le ciel. Même lorsqu'il pleuvait, l'eau atteignait à peine Sammy, mais il persévérait.

Le soleil tapait sans relâche et le vent n'arrêtait pas de souffler, mais Sammy continuait à grandir. Lentement mais sûrement, il devint plus grand et plus fort jusqu'à ce qu'un jour, il s'épanouisse en une magnifique plante. Ses feuilles se balançaient dans la brise et ses fleurs attiraient les abeilles et les papillons.

Sammy avait prouvé que même dans les circonstances les plus difficiles, avec de la résilience et de la persévérance, tout est possible. C'est ainsi qu'il a continué à grandir et à prospérer, inspirant d'autres graines à ne jamais renoncer à leurs rêves.

Le Courage

Le courage, c'est comme être un chevalier qui n'a pas peur de faire ce qui est juste, même quand c'est effrayant ou difficile. Imagine que tu vois quelqu'un se faire harceler et que tu sais que ce n'est pas bien. Si tu as du courage, tu prendras sa défense, même si cela signifie aller à l'encontre de son agresseur.

Les stoïciens pensent qu'avoir du courage permet d'être une bonne personne et de rendre le monde meilleur. Lorsque tu as du courage, tu peux faire des choses importantes, même si elles sont effrayantes ou difficiles. Tu dois peut-être faire un discours devant un grand nombre de personnes ou dire la vérité, même si cela risque de te causer des ennuis. Avec du courage, tu peux faire ces choses et être fier de toi.

Quand on a du courage, on est aussi plus confiant et plus respecté. Peut-être que quelqu'un essaie de faire pression sur toi pour que tu fasses quelque chose de mal. Si tu as du courage, tu peux dire non et défendre tes convictions. Cela t'aidera à être un meilleur ami et à faire de meilleurs choix.

Alors, deviens un chevalier courageux et utilise ton courage pour défendre ce qui est juste et faire des choses importantes, même si elles sont effrayantes ou difficiles. Ce n'est peut-être pas toujours facile, mais avec du courage, tu peux faire une grande différence dans le monde.

~ Les Premiers Pas de Fiona sur Scène ~

Une histoire sur le courage

Fiona était une petite fille timide qui adorait danser. Elle tournait et virevoltait dans sa chambre, le cœur rempli de joie. Mais l'idée de danser devant d'autres personnes lui faisait peur.

Un jour, son école a annoncé un spectacle de danse et les amis de Fiona se sont inscrits avec enthousiasme. Ils ont essayé de persuader Fiona de participer, mais elle a hésité. "Et si je trébuche et que je tombe ? Et si tout le monde se moque de moi ?" se demandait-elle.

Le jour de la représentation arriva. Fiona regarda de loin ses amis sauter et se balancer sur scène, le visage rayonnant de bonheur. Le public a applaudi et acclamé, et Fiona a ressenti un petit pincement au cœur.

Soudain, son amie Lily la remarqua et lui fit signe de les rejoindre sur scène. Le cœur de Fiona battait la chamade et ses paumes devenaient moites. Mais elle a pris une grande inspiration, a rassemblé son courage et est montée sur scène.

Au son de la musique, Fiona se mit à danser. Sa peur disparaissait à chaque pas et elle se sentait aussi légère qu'une plume. Ses amis dansaient autour d'elle, les yeux brillants de joie.

Fiona virevoltait, sautait et riait, le cœur gonflé de fierté. Elle réalisa que le courage lui avait donné la chance de partager son amour de la danse avec les autres, et elle brilla plus que jamais.

~ Le Lapin le Plus Courageux ~

Il était une fois, dans une forêt remplie de grands arbres et de fleurs colorées, un lapin nommé Benny. Benny était un petit lapin timide qui aimait grignoter des carottes et sauter avec ses amis lapins. Mais Benny avait un secret : il avait peur de presque tout.

Un jour, un groupe de brutes est venu dans la forêt et a commencé à causer des problèmes. Ils bousculaient les petits animaux et les effrayaient avec leurs voix fortes. Les amis de Benny étaient trop effrayés pour faire quoi que ce soit, mais Benny savait qu'il devait être courageux.

Il sauta vers les brutes et se dressa sur ses pattes arrière. Il dit : "Arrêtez ! Laissez mes amis tranquilles !"

Les brutes se mirent à rire et à ricaner. "Qu'est-ce que tu vas faire, petit lapin ? Tu es trop petit pour nous arrêter !"

Mais Benny n'avait plus peur. Il gonfla sa poitrine et prit une grande inspiration. Puis il poussa le rugissement de lapin le plus fort et le plus féroce que la forêt ait jamais entendu !

Les brutes furent tellement surprises qu'elles reculèrent et trébuchèrent les unes sur les autres. Les amis de Benny l'acclamèrent et le serrèrent fort dans leurs bras.

Depuis ce jour, Benny est connu comme le lapin le plus courageux de la forêt. Il continuait à grignoter des carottes et à sautiller avec ses amis, mais il le faisait désormais avec un beaucoup plus de courage.

~ Le Saut de Lenny le Lion ~

Au cœur de la jungle, Lenny le lion était connu pour être un peu craintif. Par un après-midi ensoleillé, ses amis l'invitèrent à explorer l'autre côté d'un petit ravin.

Alors qu'ils s'approchaient du ravin, les amis de Lenny sautèrent facilement de l'autre côté. Mais Lenny hésitait, le cœur battant la chamade. "Et si je n'y arrive pas ? Et si je tombe ?" se demandait-il.

Ses amis se sont mis à l'encourager de l'autre côté, mais Lenny n'a pas trouvé le courage de sauter. Déçu, il les regarda disparaître dans la verdure, leurs rires résonnant dans les arbres.

Plus tard dans la journée, les amis de Lenny sont revenus, les yeux écarquillés par l'excitation. Ils racontèrent l'histoire d'une vallée cachée avec une cascade étincelante et les plus belles fleurs qu'ils aient jamais vues.

Le cœur de Lenny se serra de désir. Il savait qu'il ne pouvait pas laisser la peur le retenir plus longtemps. Prenant une profonde inspiration, il retourna au ravin et regarda fixement de l'autre côté du ravin.

Cette fois, dans un élan de courage, Lenny sauta de toutes ses forces. Il s'élança dans les airs et atterrit sans encombre de l'autre côté. Ses amis l'accueillirent avec des applaudissements, fiers de sa bravoure.

Ensemble, ils explorèrent la vallée enchanteresse et Lenny découvrit qu'avec du courage, il pouvait vaincre ses peurs et se lancer dans les plus grandes aventures de la vie.

~ Le Petit Oiseau Plein de Courage ~

Il était une fois, dans une forêt verdoyante, un petit oiseau nommé Pip. Pip était très petit et n'avait jamais volé auparavant. Il avait le vertige et l'idée de s'élever dans le ciel le terrifiait. La mère de Pip essayait de lui apprendre à voler, mais il avait toujours peur.

Un jour, la mère de Pip fut capturée par un méchant hibou. Pip savait qu'il devait faire quelque chose pour la sauver. Il rassembla tout son courage et prit une grande inspiration. Il battit ses petites ailes et s'envola dans le ciel. Pip avait l'impression de voler pour la première fois. Il était nerveux, mais il savait qu'il devait sauver sa mère.

Pip atteignit enfin le nid du hibou, où sa mère était retenue prisonnière. Le hibou était énorme et féroce, mais Pip n'avait plus peur. Il vola courageusement vers la chouette et, de toutes ses forces, il lui donna un coup de bec dans les yeux. La chouette fut aveuglée et relâcha la mère de Pip.

Pip et sa mère s'envolèrent vers leur nid douillet, sains et saufs. Pip était fier de lui. Il ne savait pas qu'il avait autant de courage. Depuis ce jour, Pip n'a plus jamais eu peur de voler. Il apprit qu'il faut parfois affronter ses peurs pour protéger ceux

qu'on aime. Pip était un petit oiseau doté d'un grand courage,
et sa bravoure a sauvé sa mère.

~ Le Chaton Égaré ~

Une histoire sur le courage

Il était une fois, dans un petit village confortable, un minuscule chaton nommé Kiki qui jouait avec ses frères et sœurs. Ils s'amusaient tellement à se courir après et à jouer à cache-cache que Kiki ne s'est pas rendu compte qu'elle s'était éloignée de sa famille.

Soudain, Kiki a levé les yeux et s'est retrouvée toute seule dans un endroit étrange et inconnu. Les arbres autour d'elle semblaient s'élever très haut dans le ciel, projetant de longues ombres qui lui donnaient un sentiment de peur et de solitude.

Mais Kiki n'a pas abandonné. Elle se mit courageusement à explorer les environs, même si ses petites pattes tremblaient de peur à chaque pas. Elle reniflait autour d'elle, à la recherche de bruits familiers, mais tout ce qu'elle entendait, c'était le bruissement des feuilles et le hululement lointain d'une chouette.

La nuit commença à tomber et Kiki se rendit compte qu'elle était perdue. Elle miaula pour demander de l'aide, mais personne ne vint à son secours. C'est alors qu'elle décida

d'utiliser son intelligence pour retrouver le chemin de la maison.

Kiki se souvint que sa mère lui avait toujours dit de chercher l'étoile polaire et de la suivre pour se mettre à l'abri. Avec courage, Kiki se mit en route, les yeux fixés sur l'étoile la plus brillante du ciel.

Après des heures de marche, Kiki a finalement aperçu une faible lumière au loin. C'était la lumière de la maison de sa famille ! Elle a couru vers elle et s'est vite retrouvée dans les bras de sa mère aimante.

Depuis ce jour, Kiki a compris que, même si le monde peut être effrayant et inconnu, elle est assez forte et courageuse pour relever tous les défis qui se présentent à elle.

~ La Souris Puissante ~

Il était une fois, dans un petit trou de souris douillet, une minuscule souris nommée Milo. Il rêvait de devenir un héros, comme ceux qu'il lisait dans les livres. Mais tout le monde savait que Milo était la plus petite souris de la ville et qu'il n'avait pas de muscles.

Un jour, alors que Milo cherchait de la nourriture, il entendit ses amis appeler à l'aide. Ils étaient piégés dans un coin sombre par un vieux chat méchant ! Milo savait qu'il devait faire quelque chose, mais il avait peur.

Il se souvint alors de son rêve de devenir un héros et décida d'être courageux. Il grimpa sur le dos du chat et commença à le mordre et à le griffer de toutes ses forces. Le chat fut tellement surpris qu'il commença à se débattre, donnant aux amis de Milo l'occasion de s'échapper.

Après un combat long et difficile, Milo sortit victorieux, couvert d'égratignures et de bleus. Mais ses amis l'acclamèrent, l'appelant "la souris puissante" et le remerciant pour son courage. Depuis ce jour, Milo sait que même les plus petits d'entre nous peuvent être des héros.

Ainsi, chaque fois que quelqu'un avait besoin d'aide, Milo était toujours là, prêt à montrer ses muscles puissants et son cœur encore plus puissant.

Lâcher prise et se concentrer sur ce que l'on peut contrôler

Explication

Les stoïciens pensent que le fait de lâcher prise et de se concentrer sur ce que l'on peut contrôler permet d'être plus heureux et plus serein. Si tu te concentres sur des choses qui ne dépendent pas de toi, comme la météo ou ce que les autres pensent de toi, tu seras frustré et contrarié. En revanche, si tu te concentres sur les choses que tu peux contrôler, comme tes propres pensées, tes sentiments et tes actions, tu te sentiras plus maître de la situation et plus heureux.

Lorsque tu acceptes les choses qui sont hors de ton contrôle, tu as moins de chances d'être contrarié ou déçu. Peut-être que tu voulais vraiment quelque chose, mais que tu ne l'as pas obtenu. Si tu lâches prise et que tu te concentres sur ce que tu peux contrôler, tu pourras trouver d'autres choses qui te rendront heureux et te feront sentir comblé.

Alors, accepte les choses qui sont hors de ton contrôle et concentre-toi sur ce que tu peux contrôler. Tu seras plus heureux, plus paisible et prêt à affronter tout ce qui se présentera à toi.

~ Le Chien Errant dans le Parc ~

Une histoire pour apprendre à lâcher prise et se concentrer sur ce que l'on peut contrôler

Il était une fois un garçon au grand cœur qui tomba par hasard sur un chien errant dans un parc. Il tomba immédiatement amoureux de la créature à fourrure et décida de l'emmener

chez lui. Il lui donna un lit chaud, de délicieuses friandises et beaucoup d'amour.

Mais un jour, le garçon a reçu un appel du propriétaire du chien. Ils cherchaient leur animal bien-aimé depuis des semaines et étaient ravis de l'avoir retrouvé. Le garçon était dévasté à l'idée de dire au revoir à son nouvel ami à fourrure, mais il savait que c'était la bonne chose à faire.

Alors que le garçon rendait le chien à son propriétaire en pleurant, il était réconforté par le fait qu'il avait fait une bonne action. Il avait pris soin du chien lorsqu'il était dans le besoin et l'avait aidé à retrouver le chemin de sa maison. Le garçon a compris qu'il peut être difficile de se séparer de ce que l'on aime, mais que c'est parfois la chose la plus stoïque à faire : accepter ce qui n'est pas sous notre contrôle et se concentrer sur ce que l'on peut contrôler.

En fin de compte, le garçon s'est senti fier d'avoir fait ce qu'il fallait et d'avoir été un bon ami pour le chien. Il savait que même s'il ne pouvait pas garder le chien, il avait eu un impact positif sur sa vie. Le garçon sourit, reconnaissant du temps qu'ils ont passé ensemble et sachant qu'il a fait ce qu'il fallait.

~ Le Déménagement de Lila ~

Une histoire pour apprendre à lâcher prise et se concentrer sur ce que l'on peut contrôler

Il était une fois une fille qui s'appelait Lila et qui devait déménager dans une nouvelle ville. Elle était triste parce qu'elle ne verrait plus sa meilleure amie, Zoé. Elle essaya de convaincre ses parents de rester, mais ils ne pouvaient pas à cause de leur travail. Lila se sentait désespérée et bouleversée.

Lorsqu'elle est arrivée dans sa nouvelle maison, elle a vu une fille dehors avec un skateboard. Elle se nommait Raksha et a demandé à Lila si elle voulait jouer. Au début, Lila était nerveuse, mais Raksha était gentille et amicale, et elles ont joué ensemble.

Lila a remercié Raksha d'être sa nouvelle amie. Elle était impatiente de voir quelles autres choses amusantes elles pourraient faire ensemble.

Au fil du temps, Zoé manquait de moins en moins à Lila. Elle n'a pas oublié son ancienne amie, mais elle a appris à chérir les souvenirs heureux qu'elles ont partagés. Lila s'est rendu compte que s'accrocher au passé ne l'aidait pas à créer de nouveaux souvenirs ou à apprécier les nouvelles opportunités que la vie lui offrait. Elle a appris le principe stoïque du lâcher-prise et à se concentrer sur ce qu'elle pouvait contrôler, ce qui l'a aidée à trouver le bonheur et la satisfaction dans sa nouvelle vie.

En fin de compte, Lila a compris que même si le changement peut être difficile, il peut aussi être l'occasion de grandir et de vivre de nouvelles expériences. Elle a appris à croire que la vie offrirait toujours de nouvelles opportunités et qu'en se concentrant sur ce qu'elle pouvait contrôler, elle pouvait obtenir des résultats positifs même au milieu de situations difficiles.

~ Le Projet d'École ~

Une histoire pour apprendre à lâcher prise et se concentrer sur ce que l'on peut contrôler

Il était une fois cinq amis nommés Amara, Cyrus, Darian, Lyn et Kaida. Ils avaient pour mission de réaliser un projet sur leur habitat animalier préféré. Amara proposa la savane africaine, mais les autres n'aimèrent pas l'idée. Cyrus a suggéré le récif corallien, qui a finalement été choisi. Amara était triste et déçue que son idée n'ait pas été retenue.

Elle est rentrée chez elle et a parlé à son grand-père, qui lui a demandé pourquoi elle était triste. Amara lui a expliqué la situation et son grand-père lui a enseigné les valeurs stoïciennes. Il lui dit : "Tu ne peux pas contrôler les choix des autres, mais tu peux contrôler ton attitude. Tu peux être triste et te laisser affecter, ou tu peux te concentrer sur ce que tu peux contrôler et être fier de tes efforts."

Amara réfléchit aux paroles de son grand-père et décida de se concentrer sur ce qu'elle pouvait contrôler. Elle est retournée dans le groupe et a continué à travailler sur le projet du mieux qu'elle pouvait. Lorsqu'ils ont présenté leur projet à la classe, ils ont été chaleureusement applaudis. Tout le monde a apprécié leur vision créative et unique de l'habitat du récif corallien, et Amara s'est sentie fière de sa contribution au projet.

La leçon stoïcienne de son grand-père lui a appris que le fait d'abandonner les choses qui échappent à notre contrôle et de nous concentrer sur ce que nous pouvons contrôler peut conduire à des réussites inattendues. Elle a appris qu'il ne s'agissait pas de gagner ou de perdre, mais de faire de son mieux et d'être fière de ses efforts.

~ Le Jour de Pluie ~

Une histoire pour apprendre à lâcher prise et se concentrer sur ce que l'on peut contrôler

Le soleil brillait et les oiseaux chantaient dans le ciel. Un groupe d'amis a décidé d'organiser un pique-nique pour profiter du beau temps. Ils ont emporté leurs goûters préférés, des couvertures et des jouets pour passer une journée amusante dans le parc.

Alors qu'ils arrivaient au parc, le ciel est soudain devenu gris et quelques gouttes de pluie ont commencé à tomber. Les amis se sont regardés, incrédules, et ont commencé à se reprocher mutuellement de ne pas avoir vérifié la météo. Ils sont devenus contrariés et frustrés, ne sachant pas quoi faire.

Mais l'un d'entre eux a eu une idée. "Trouvons un endroit abrité et pique-niquons là," déclara-t-il. Les amis ont adoré l'idée et se sont immédiatement mis à la recherche d'un endroit. Ils ont trouvé un abri confortable, couvert de vignes et de fleurs, où ils ont pu déguster leurs sandwichs et leurs boissons tout en écoutant le bruit de la pluie.

Après avoir mangé, les amis ont décidé de s'amuser sous la pluie. Ils ont pataugé dans les flaques d'eau, dansé au rythme de la pluie et se sont bien amusés ensemble. Ils ont réalisé qu'ils ne pouvaient pas contrôler la météo, mais qu'ils pouvaient contrôler leur attitude à l'égard de la pluie. Ils ont laissé tomber leur frustration et se sont concentrés sur ce qu'ils pouvaient contrôler, ce qui a donné lieu à une journée amusante et mémorable.

~ Le Jouet Perdu ~

Une histoire pour apprendre à lâcher prise et se concentrer sur ce que l'on peut contrôler

Il était une fois une fille nommée Olivia qui avait un jouet préféré. C'était une licorne rose en peluche qu'elle emportait partout avec elle. Un jour, elle se rendit au parc avec sa famille et joua avec sa licorne. Mais au moment de partir, elle se rendit compte que son jouet bien-aimé avait disparu.

Olivia a cherché partout, sous tous les bancs et derrière tous les arbres, mais elle ne l'a pas trouvé. Elle commença à se sentir très triste et à pleurer.

Sa mère a vu qu'elle était bouleversée et l'a prise dans ses bras, lui disant gentiment que parfois, on perd des choses et qu'on ne peut pas le contrôler. Elle lui a suggéré de rentrer à la maison et d'essayer d'oublier le jouet perdu.

Au début, Olivia n'a pas compris. Comment pouvait-elle oublier son jouet préféré ? Mais en retournant à la voiture, elle a commencé à se souvenir de tous les autres jouets qu'elle avait à la maison. Sa collection d'animaux en peluche, ses poupées et ses jeux de société. Elle s'est rendu compte qu'elle avait beaucoup de choses à apprécier et avec lesquelles jouer.

Olivia a appris qu'il est important de profiter des choses que nous avons pendant que nous les avons. Sa licorne lui manquait toujours, mais elle savait qu'elle avait d'autres jouets avec lesquels jouer et qu'elle pouvait créer de nouveaux souvenirs avec eux.

~ L'Aventure du Bateau en Papier de Danny ~

Une histoire pour apprendre à lâcher prise et se concentrer sur ce que l'on peut contrôler

Danny et son père ont passé tout l'après-midi à créer un bateau en papier. C'était un chef-d'œuvre, avec des motifs colorés et une voile en papier de soie. Danny était vraiment impatient de le voir flotter sur l'eau, mais dès qu'ils l'ont mis à l'eau, une forte rafale de vent l'a emporté.

Danny a essayé de le rattraper avec un bâton, mais il était trop loin du rivage. Il commença à s'énerver et à se sentir frustré, mais son père lui rappela la leçon de stoïcisme dont ils avaient parlé auparavant.

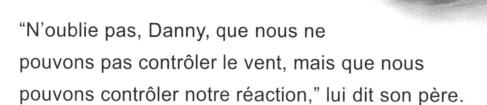

"N'oublie pas, Danny, que nous ne pouvons pas contrôler le vent, mais que nous pouvons contrôler notre réaction," lui dit son père.

Danny prit une grande inspiration et essaya de se détacher de son attachement au bateau en papier. Il se concentra sur ce qu'il pouvait contrôler et trouva une solution.

"Papa, créons un autre bateau en papier, mais cette fois-ci, nous y attacherons une ficelle. Comme ça, il ne se perdra pas," proposa Danny.

Son père a souri et a acquiescé. Ensemble, ils ont créé un nouveau bateau en papier et y ont attaché une ficelle. Ils l'ont mis à l'eau et, cette fois, il a flotté paisiblement sur l'eau.

Alors qu'ils rentraient chez eux, Danny réalisa que la leçon de son père sur le fait de lâcher prise et de se concentrer sur ce que l'on peut contrôler ne concernait pas seulement le bateau. C'était une leçon pour la vie, sur le fait d'accepter les choses qui ne sont pas en notre pouvoir et de se concentrer sur ce que l'on peut contrôler.

L'Autodiscipline

L'autodiscipline, c'est comme être le chef de ses propres actions et décisions. C'est choisir de faire ce qui est bon pour toi, même si c'est difficile ou si tu n'as pas envie de le faire.

Par exemple, disons que tu as un contrôle de mathématiques important à passer et que tu as envie de jouer à des jeux vidéo au lieu d'étudier. L'autodiscipline consiste à se dire : "J'ai vraiment envie de jouer aux jeux vidéo, mais je sais qu'il est plus important d'étudier pour mon contrôle. Je vais donc étudier d'abord, puis jouer plus tard pour me récompenser de mes efforts."

Les stoïciens pensent que l'autodiscipline permet d'atteindre ses objectifs et de réussir. L'autodiscipline permet d'établir un plan, de s'y tenir et d'accomplir des choses. L'autodiscipline est une bonne chose car elle t'aide à atteindre tes objectifs et à devenir une meilleure personne. Lorsque tu as de l'autodiscipline, tu peux résister aux tentations qui pourraient t'égarer et tu peux te concentrer sur ce qui est important. Tu seras également plus fier de toi lorsque tu accompliras quelque chose grâce à ton travail et à ta détermination.

Lorsque tu es autoddiscipliné, tu maîtrises mieux tes émotions et tes actions. Tu peux te sentir en colère ou contrarié, mais si tu as de l'autodiscipline, tu peux contrôler ces sentiments et agir de manière calme et respectueuse. Cela t'aide à être un meilleur ami et à faire de meilleurs choix.

N'oublie pas que l'autodiscipline, c'est comme être le chef de toi-même. Ce n'est pas toujours facile, mais cela t'aidera à devenir une meilleure personne et à atteindre tes objectifs dans la vie.

~ La Tablette de Chocolat ~

Il était une fois une fille qui s'appelait Jeanne et qui aimait le chocolat par-dessus tout. Un jour, elle trouva dans l'armoire une grosse tablette de chocolat qui avait l'air délicieuse. Elle

ne put résister et la mangea d'une traite ! Mais peu de temps après, elle a ressenti une vive douleur au ventre.

Ses parents sont venus la voir et ont constaté ce qui s'était passé. Ils se sont assis avec Jeanne et lui ont expliqué l'importance de l'autodiscipline. Ils lui ont dit que manger trop de sucreries à la fois pouvait entraîner des maux d'estomac et des habitudes malsaines.

Jeanne était triste de ne pas avoir pu savourer la barre de chocolat comme il se doit. Ses parents lui ont donc suggéré d'essayer à nouveau, mais avec une approche différente. Ils l'ont encouragée à faire preuve d'autodiscipline et à ne prendre qu'un petit morceau chaque jour.

Au début, Jeanne a eu du mal à résister à la tentation de la tablette de chocolat, mais elle s'est souvenue du conseil de ses parents et a réussi à s'en tenir à un petit morceau. Et vous savez quoi ? Non seulement elle n'a pas eu mal au ventre, mais elle a même apprécié davantage la tablette de chocolat !

À partir de ce moment-là, Jeanne a appris l'importance de l'autodiscipline et la façon dont cela peut conduire à des expériences plus agréables. Alors, rappelle-toi, l'autodiscipline peut être difficile, mais cela en vaut la peine au bout du compte !

~ La Grande Course des Jardins ~

Il était une fois, dans un petit village, un groupe d'enfants qui décida d'organiser une compétition amicale. Ils l'appelèrent "la grande course des jardins." Chaque enfant devait cultiver un petit jardin et voir quelles plantes poussaient le mieux.

Lucy, Tommy et Sam étaient très disciplinés. Ils préparaient le sol, plantaient soigneusement les graines et établissaient un calendrier pour arroser et désherber leurs jardins. Ils ont travaillé avec assiduité chaque jour pour s'assurer que leurs jardins prospèrent.

De l'autre côté du village, Max, Damo et Léo étaient plus insouciants. Ils semaient leurs graines au hasard, arrosaient leurs jardins quand ils s'en souvenaient et ignoraient souvent les mauvaises herbes.

Les semaines passèrent et les enfants attendaient avec impatience le jour de la grande révélation. Le jour venu, ils se sont rassemblés autour du jardin de Lucy, Tommy et Sam. À leur grande surprise, le jardin était rempli de fleurs vibrantes et colorées et de légumes juteux et dodus.

Ensuite, ils ont visité le jardin de Max, Damo et Léo. Le spectacle était bien différent ! Les plantes étaient cachées sous une jungle de mauvaises herbes, et les fleurs et les légumes avaient l'air tristes et tombants.

Il était clair qui avait gagné la grande course des jardins. Les enfants disciplinés se régalèrent d'un délicieux festin préparé avec les produits de leur jardin, tandis que les autres apprenaient une leçon importante. Ils promirent de pratiquer l'autodiscipline afin que l'année prochaine, leur jardin soit tout aussi beau et généreux.

~ Le Cerf-Volant en Fuite ~

Dans une ville lumineuse et ensoleillée, vivait une jeune fille nommée Samira. Pour son anniversaire, elle reçut le plus beau cerf-volant qu'elle ait jamais vu. C'était un arc-en-ciel éblouissant de couleurs avec une longue queue fluide.

Samira était tellement excitée qu'elle avait hâte de faire voler son nouveau cerf-volant. Au lieu de demander à son père de lui enseigner les bonnes techniques, elle s'est précipitée au parc par une journée particulièrement venteuse.

Avec un grand sourire, Samira a laissé son cerf-volant s'envoler dans le ciel. Au début, le cerf-volant dansait gracieusement, sa queue flottant derrière lui comme un ruban. Mais bientôt, le vent se leva et Samira commença à avoir du mal à contrôler son cerf-volant qui s'était emballé.

Dans une rafale soudaine, le cerf-volant lui fut arraché des mains et emporté par le vent. Samira regarda, impuissante, le cerf-volant s'emmêler dans les branches d'un grand arbre. Elle se sentit triste et réalisa que son manque d'autodiscipline l'avait conduite à cette situation difficile.

Déterminée à apprendre, Samira a demandé de l'aide à son

père. Il lui a montré patiemment comment manipuler le cerf-volant et réagir aux caprices du vent. Samira s'est entraînée et a pris confiance en ses nouvelles compétences.

Grâce à son autodiscipline et à sa persévérance, Samira est retournée au parc, prête à faire voler son cerf-volant une fois de plus. Cette fois, elle le guida avec habileté dans le ciel, se délectant du spectacle coloré qu'il offrait en dansant gracieusement au-dessus d'elle.

~ La Chambre en Désordre ~

Une histoire sur l'autodiscipline

Il était une fois un enfant nommé Silvio dont la chambre était vraiment en désordre. Les jouets étaient éparpillés partout, les vêtements étaient empilés et les livres étaient mélangés à ce désordre. Silvio adorait jouer avec tous ses jouets, mais il les perdait souvent dans le désordre.

56

Un jour, la maman de Silvio lui a demandé de retrouver sa voiture préférée pour qu'ils puissent jouer ensemble. Silvio a cherché et cherché, mais il ne l'a trouvée nulle part ! Il a cherché sous des piles de vêtements, entre des piles de livres et même dans les coins de sa chambre.

Finalement, Silvio a compris que c'était à cause du désordre de sa chambre qu'il ne trouvait pas son jouet. Sa mère lui a expliqué l'importance de l'autodiscipline et de l'ordre dans sa chambre. Elle lui a dit qu'il était plus facile de trouver des objets et de se déplacer dans une chambre propre.

Silvio a décidé de relever le défi et de ranger sa chambre. Cela n'a pas été facile au début, mais il a commencé par de petites choses comme ranger ses jouets après avoir joué avec eux et plier ses vêtements proprement. Au fur et à mesure qu'il travaillait, il a remarqué qu'il était beaucoup plus facile de trouver des objets et de se déplacer dans sa chambre nouvellement nettoyée.

À partir de ce moment-là, Max a pris l'habitude de ranger derrière lui et de pratiquer l'autodiscipline. Non seulement cela lui a facilité la vie et l'a aidé à retrouver ses jouets, mais il s'est également senti mieux dans une chambre bien rangée et a passé plus de temps dans sa chambre. Il pouvait s'asseoir et lire un livre ou jouer avec ses jouets sans se sentir envahi par le désordre. Alors souviens-toi, l'autodiscipline n'est pas seulement une question d'ordre et de rangement, c'est aussi un moyen de se sentir bien dans sa peau !

~ La Compétition de Daisy le Dauphin ~

Une histoire sur l'autodiscipline

Dans une baie éblouissante, Daisy le dauphin était connue pour ses incroyables talents de nageuse. Elle adorait faire des pirouettes et des virevoltes, laissant une traînée d'eau scintillante. Cependant, elle n'aimait pas l'entraînement.

À l'approche de la compétition de natation, l'entraîneur Clam a encouragé Daisy à s'entraîner en faisant preuve d'autodiscipline. "Si tu veux réussir, tu dois t'entraîner régulièrement," lui conseilla-t-il. Mais Daisy ne l'a pas écouté. Au lieu de s'entraîner, Daisy a regardé son émission de télévision sous-marine préférée. Elle pensait qu'elle pourrait se rattraper plus tard.

La compétition de natation arriva, et la baie bourdonna d'excitation. Quand vint le tour de Daisy, son manque d'entraînement se fit rapidement sentir. Elle avait du mal à suivre, ses sauts et ses pirouettes n'étaient pas aussi fluides qu'avant.

Déçue, Daisy a demandé à l'entraîneur Clam comment

améliorer son autodiscipline. L'entraîneur Clam lui a donné deux conseils utiles : "Premièrement, pense aux conséquences à long terme de tes actions. Imagine à quel point tu seras formidable si tu t'entraînes régulièrement, et à quel point tu auras du mal si tu ne le fais pas. Deuxièmement, trouve de la joie dans tout ce que tu fais. Que ce soit l'entraînement, l'apprentissage ou même le nettoyage de ta chambre, fais-en un jeu amusant. Lorsque tu aimes ce que tu fais, l'autodiscipline vient naturellement."

Daisy a pris à cœur les conseils de l'entraîneur Clam. Elle a commencé à visualiser son succès à long terme et a trouvé des moyens créatifs de rendre l'entraînement agréable. Alors qu'elle tournoyait et virevoltait plus gracieusement que jamais, Daisy est devenue un exemple pour ses amis de la baie, prouvant qu'avec de l'autodiscipline et un peu d'amusement, tout est possible.

La Tempérance

La tempérance est un super pouvoir qui t'aide à contrôler tes émotions et à rester calme et équilibré ! C'est comme une potion magique qui t'aide à rester maître de tes émotions, même dans les moments difficiles.

Les stoïciens pensent que la tempérance permet de contrôler ses émotions et ses actions. Lorsque quelque chose se produit et que tu te sens en colère, triste ou effrayé, la tempérance t'aide à prendre une profonde respiration et à réfléchir avant d'agir. C'est comme si tu étais maître de ton esprit et que tu ne laissais pas tes émotions prendre le dessus.

Pourquoi la tempérance est-elle bonne ? Pense à une fois où tu t'es énervé et où tu as dit ou fait quelque chose que tu as regretté plus tard. Tu t'es peut-être disputé avec un ami ou tu as dit quelque chose de méchant à un frère ou une sœur. La tempérance te permet d'éviter ce genre de situation et de préserver la solidité de tes relations.

La tempérance t'aide également à faire de bons choix et à rester sur le bon chemin. C'est comme si tu avais une boussole qui t'indique la bonne direction, même lorsqu'il y a des obstacles sur ton chemin.

Alors souviens-toi, utilise ta tempérance pour ajouter juste ce qu'il faut d'émotions dans ta vie ! Tu maîtriseras tes sentiments et tes actions, et tu seras capable de faire face à n'importe quelle situation avec grâce et calme.

~ Le Grand Match de Football ~

Une histoire à propos de la tempérance

Il était une fois, dans une petite ville, une joueuse de football talentueuse nommée Maria. Elle était rapide et forte, mais ses émotions prenaient souvent le dessus. Pendant les matchs, Maria se mettait en colère et se sentait frustrée, ce qui lui valait des pénalités et contrariait ses coéquipières.

Un jour, son entraîneur l'a prise à part et lui a présenté le concept de tempérance. Il lui a expliqué l'importance de rester calme et concentrée sur le terrain. Maria a écouté attentivement et a promis de s'entraîner à contrôler ses émotions.

Au cours des semaines suivantes, Maria a appris à respirer profondément et à compter jusqu'à dix lorsqu'elle sentait ses émotions monter en flèche. Elle a remarqué que plus elle s'exerçait, plus il lui était facile de rester calme pendant les matchs.

Enfin, le jour du grand match de football arriva. L'air était électrique et palpitant. L'équipe de Maria jouait contre son plus grand rival et le championnat était en jeu. Au début du match, Maria a pris une grande inspiration et s'est rappelé qu'elle devait rester calme.

Dans les dernières minutes du match, le score était à égalité. Maria a vu l'occasion de marquer le but de la victoire. Au lieu de céder à l'anxiété, elle a pris une grande inspiration, s'est concentrée et a frappé le ballon de toutes ses forces. Le ballon a traversé les airs et a atterri au fond du filet !

Ses coéquipières ont applaudi à tout rompre et tout le monde s'est précipité sur Maria pour la serrer dans leurs bras. Sa nouvelle maîtrise des émotions l'avait non seulement aidée à être plus performante, mais elle avait aussi permis à son équipe de remporter le championnat. Depuis ce jour, Maria est un brillant exemple de tempérance et une véritable star du football.

~ L'Oiseau Colérique ~

Une histoire à propos de la tempérance

Il était une fois un oiseau colérique qui s'appelait Alex.
Alex avait l'habitude de se mettre en colère pour de petites
choses, comme lorsque les vers étaient trop frétillants ou
que la branche de l'arbre était trop bancale. Sa colère prenait

le dessus et il se mettait à picorer les choses et à les faire tomber.

Un jour, la colère d'Alex a pris le dessus. Il était tellement en colère qu'il a foncé dans un nichoir et l'a cassé. Alex s'est blessé et a dû s'asseoir sur une branche pour soigner ses blessures.

Pendant qu'il était assis, Alex s'est rendu compte que son tempérament lui faisait plus de mal que de bien. Il décida de respirer profondément et d'essayer de contrôler ses émotions. Chaque fois qu'il se sentait en colère, il comptait jusqu'à dix et réfléchissait aux conséquences de ses actes.

Lentement mais sûrement, Alex a commencé à voir un changement dans son comportement. Il cessa de picorer les objets et commença à s'envoler lorsqu'il sentait sa colère monter. Les autres oiseaux remarquèrent le changement chez Alex et commencèrent à l'inviter à leurs réunions.

Très vite, Alex est devenu un oiseau plus heureux. Il ne se mettait plus en colère pour de petites choses et aimait passer du temps avec ses amis oiseaux. À partir de ce moment-là, Alex a appris que le contrôle de son tempérament était la clé d'une vie plus heureuse.

~ La Randonneuse Heureuse ~

Il était une fois une jeune fille nommée Emily qui aimait explorer la nature. Par une belle journée ensoleillée, elle partit avec sa famille en randonnée dans la forêt. Emily était si excitée à l'idée d'être dehors, à l'air frais et au soleil, qu'elle se mit à sautiller sur le sentier.

Au fur et à mesure que la famille grimpait dans la montagne, l'excitation d'Emily ne faisait que croître. Elle admirait les arbres, les oiseaux et la vue sur la vallée en contrebas. Mais alors qu'elle sautillait, elle ne remarqua pas un gros rocher sur son chemin. Elle a trébuché et dégringolé le long du sentier.

Les parents d'Emily se sont précipités pour vérifier qu'elle allait bien. Elle avait quelques égratignures et des bleus, mais rien de grave. Après l'avoir aidée à se relever et à s'épousseter, ses parents lui ont rappelé d'être plus prudente et de faire attention où elle mettait les pieds.

Emily s'est rendu compte que son excitation lui avait fait oublier de faire attention à la direction qu'elle prenait. Elle a donc ralenti et marché plus prudemment pendant le reste de l'ascension de la montagne, profitant des paysages mais faisant aussi attention à ce qui l'entourait.

En arrivant au sommet de la montagne, Emily éprouva un grand sentiment d'accomplissement. Elle était fière d'avoir été plus prudente et d'avoir atteint le sommet. À partir de ce moment-là, Emily a appris à équilibrer son enthousiasme et sa vigilance, et elle a fait de nombreuses autres randonnées heureuses et sans danger avec sa famille.

~ L'Histoire de la Colère de Paul ~

Une histoire à propos de la tempérance

Il était une fois un petit garçon nommé Paul qui avait un gros problème. Chaque fois que les choses ne se passaient pas comme il le souhaitait, il piquait une crise, tapait du pied et criait aussi fort qu'il le pouvait.

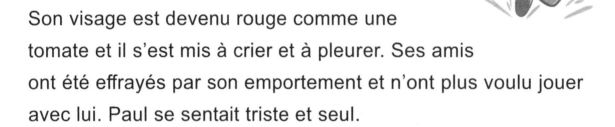

Par une belle journée, Paul jouait avec ses amis à l'école. Ils ont décidé de faire une course pendant la récréation. Paul était sûr de gagner, mais il a marché sur son lacet, il a trébuché et il est arrivé dernier. Il était furieux !

Son visage est devenu rouge comme une tomate et il s'est mis à crier et à pleurer. Ses amis ont été effrayés par son emportement et n'ont plus voulu jouer avec lui. Paul se sentait triste et seul.

Voyant cela, sa gentille institutrice, Mme Willow, le prit à part et lui chuchota le secret de la tempérance. Elle lui dit de respirer profondément et de compter jusqu'à dix chaque fois qu'il se sentait contrarié. Paul a promis d'essayer.

Le lendemain, les enfants ont de nouveau fait la course. Paul courut le plus vite possible, mais ne gagna toujours pas. Cette fois, il s'est souvenu du conseil de Mme Willow. Il a respiré profondément, a compté jusqu'à dix et a réussi à rester calme. Il félicita même le vainqueur avec un vrai sourire.

À sa grande surprise, ses amis se sont rassemblés autour de lui et l'ont encouragé en disant : "Bravo, Paul, tu as gardé ton calme !" Paul rayonnait de bonheur, reconnaissant de la leçon de maîtrise des émotions qui lui avait permis de retrouver ses amis. Depuis ce jour, Paul a adopté la valeur stoïque de la tempérance, sachant qu'elle l'aiderait à devenir un meilleur ami et une personne plus heureuse.

~ La Rivière Déchaînée ~

Une histoire à propos de la tempérance

Edwige et Sarah étaient ravies de faire une descente en rafting. Alors qu'elles naviguaient sur la rivière, elles ont rencontré une zone d'eau agitée qui faisait osciller leur raft de manière incontrôlée. Edwige, qui a tendance à se laisser dominer par ses émotions, a commencé à paniquer et à crier, ce qui a aggravé la situation.

Heureusement, Sarah, avec son calme et son sang-froid, a pris le contrôle de la situation. "Edwige, respire profondément et essaie de rester calme. On peut y arriver, mais il faut qu'on travaille ensemble," dit-elle en guidant Edwige pour qu'elle pagaie en synchronisation avec elle afin d'éviter les rochers et les courants dangereux.

Malgré les eaux agitées, elles ont réussi à mener le raft en toute sécurité jusqu'à la fin de leur voyage.

Alors qu'elles fêtaient leur succès, Edwige s'est excusée pour sa crise de panique initiale et a promis de travailler sur sa maîtrise émotionnelle. "Je vais essayer de me souvenir de rester calme comme tu l'as fait, Sarah," dit-elle, admirant le sang-froid de Sarah sous la pression. À partir de ce jour, Edwige s'est efforcée de travailler sur la maîtrise de ses émotions et de ressembler davantage à Sarah, qui faisait preuve d'un grand sang-froid face au danger.

Les amies ont appris qu'en restant calmes et sereines dans des situations stressantes, elles pouvaient obtenir de meilleurs résultats et renforcer leurs relations. Elles étaient toutes les deux d'accord pour dire qu'elles n'auraient pas pu traverser la zone d'eau agitée sans le contrôle émotionnel et le sang-froid de Sarah.

~ Le Renard à la Tête Brûlée ~

Il était une fois, dans une forêt remplie de créatures à fourrure, un renard à la tête brûlée nommé Foxy. Chaque fois que quelque chose n'allait pas dans son sens, il se mettait tellement en colère que sa fourrure se hérissait et que ses yeux devenaient rouges comme des charbons ardents. Il

s'emportait, disait des choses blessantes et parfois même cassait des objets.

Un jour, un vieux renard sage s'approcha de Foxy et lui dit : "Mon cher jeune ami, les émotions extrêmes sont comme un monstre intérieur qui prend le contrôle de toi. Nous avons tous ce monstre en nous, mais si nous ne l'apprivoisons pas, nous le laisserons nous contrôler et détruire notre vie."

Foxy ne comprenait pas très bien ce que voulait dire le vieux renard. Mais le sage renard continua : "Quand tu te sens en colère, respire profondément et compte jusqu'à dix. Réfléchis à ce que tu veux dire et à la façon dont tu veux réagir. C'est ce qu'on appelle la tempérance, mon jeune ami."

Foxy prit le conseil du sage renard à cœur et commença à pratiquer la tempérance. Chaque fois qu'il se sentait en colère, il prenait une grande respiration et comptait jusqu'à dix. Il commença à communiquer ses sentiments d'une manière plus calme, ce qui lui permit d'établir des relations plus solides avec ceux qui l'entouraient.

Ainsi, Foxy apprit le principe stoïque de la tempérance et apprivoisa son monstre intérieur. Il est devenu un renard plus heureux et plus paisible, et tout le monde dans la forêt a vécu heureux jusqu'à la fin des temps.

La sobriété et la recherche du bonheur dans la simplicité

Explication

La sobriété consiste à se contenter de ce que l'on a et à ne pas en vouloir toujours plus. Imagine que tu es à une fête et qu'il y a beaucoup de jouets, de friandises et de jeux. Tu pourrais tous les vouloir, mais si tu en veux toujours plus, tu ne seras jamais satisfait. La sobriété consiste à se contenter de ce que l'on a déjà et à ne pas en vouloir toujours plus.

Les stoïciens pensent que la sobriété et la recherche du bonheur dans la simplicité permettent d'être plus heureux et plus satisfait. Lorsque tu apprends à être heureux avec des choses simples comme jouer dehors ou passer du temps avec ta famille, tu réalises que le bonheur ne vient pas des choses matérielles. Il vient de ce que tu as à l'intérieur de toi.

Lorsque tu fais preuve de sobriété, tu as également moins tendance à être contrarié ou déçu. Si tu n'as pas besoin de choses luxueuses pour être heureux, tu ne seras pas triste si tu ne peux pas les obtenir. Tu pourras apprécier les choses simples de la vie et en être heureux.

Alors, contente-toi de ce que tu as et trouve de la joie dans les choses simples de la vie ! Tu seras plus heureux, plus satisfait et tu seras un exemple pour les autres.

~ Le Vrai Sens du Bonheur ~

Une histoire sur la sobriété et la recherche du bonheur dans la simplicité

Il était une fois un garçon nommé Liam qui possédait tous les jouets qu'il pouvait désirer. Malgré tout, il s'ennuyait et ne se sentait pas satisfait. Il suppliait toujours ses parents de lui donner plus de jouets et ne semblait jamais satisfait de ce qu'il avait.

Un jour, alors qu'il jouait dans le parc, Liam a rencontré un garçon nommé Noah qui jouait joyeusement avec des pierres et des bâtons. Liam ne comprenait pas pourquoi quelqu'un

jouait avec des pierres et des bâtons alors qu'il pouvait avoir des jouets amusants comme lui.

Mais Noah a dit quelque chose qui a marqué Liam. "Je n'ai pas besoin de jouets pour être heureux," dit Noah. "Je peux être heureux avec peu de choses, et même avec rien."

Liam réfléchit à ce que Noah avait dit. "Peut-être que Noah a raison. J'ai beaucoup de jouets, mais je ne suis toujours pas heureux. Et il y a toujours quelque chose de nouveau que je veux."

Ce soir-là, Liam a regardé sa chambre et s'est rendu compte qu'il avait tellement de jouets avec lesquels il ne jouait même plus. Il se sentait coupable d'en vouloir toujours plus alors que d'autres enfants n'avaient pas de jouets. Le lendemain, Liam a décidé de donner la plupart de ses jouets à des enfants qui n'en avaient pas. Son père et sa mère étaient surpris, mais ils étaient fiers de la générosité de Liam.

"Bravo, Liam," dit sa mère. "C'est très gentil de ta part ! Tu sais, c'est vrai ce qu'on dit. Les meilleures choses de la vie ne sont pas les choses matérielles."

Depuis ce jour, Liam a compris qu'il n'avait pas besoin de jouets pour être heureux. Il aimait passer du temps avec ses amis et sa famille, jouer à des jeux et explorer la nature. Il a appris que le vrai bonheur vient des choses simples de la vie.

~ La Magie d'une Nuit Étoilée ~

Une histoire sur la sobriété et la recherche du bonheur dans la simplicité

Il était une fois une jeune fille nommée Millie, qui vivait dans une ville animée aux lumières chatoyantes. Elle était toujours entourée du bourdonnement de la technologie et de la lueur des écrans. Les étoiles du ciel nocturne étaient cachées par le bourdonnement constant de la ville.

Un été, Millie a été envoyée chez ses grands-parents, dans une campagne paisible. Au début, elle commença par s'ennuyer et l'excitation de la ville lui manquait. Un soir, son grand-père décida de lui montrer quelque chose de magique. Il lui prit la main et la conduisit en haut d'une légère colline, loin de la maison confortable.

Lorsqu'ils sont arrivés au sommet, Millie a été stupéfaite. Au-dessus d'eux, le ciel nocturne était une couverture veloutée, parsemée d'étoiles scintillantes. Son grand-père lui montra les constellations et lui raconta des histoires anciennes sur des héros courageux, des créatures mythiques et des mondes lointains.

Millie écoutait, captivée par la beauté simple des étoiles et par les histoires enchanteresses qu'elles racontaient. Les lumières de la ville ne semblaient plus aussi excitantes que l'univers vaste et mystérieux qui l'entourait. Son cœur se gonflait de joie et d'émerveillement tandis qu'elle s'allongeait sur l'herbe douce, contemplant le ciel étincelant.

Depuis cette nuit magique, Millie a appris à apprécier la beauté de la simplicité et à trouver de la joie dans le monde naturel. Chaque fois qu'elle regardait les étoiles, elle se souvenait des sages paroles de son grand-père et des histoires enchanteresses qui dansaient parmi les merveilles célestes.

~ Le Petit Bateau en Bois ~

Une histoire sur la sobriété et la recherche du bonheur dans la simplicité

Il était une fois, dans une charmante ville de bord de mer, une jeune fille curieuse nommée Maddy. Elle se promenait souvent dans le port de plaisance, admirant les luxueux bateaux qui scintillaient au soleil. Elle rêvait de posséder un jour un bateau aussi luxueux.

Lors d'un anniversaire, son grand-père affectueux lui offrit un petit bateau en bois tout simple qu'il avait fabriqué de ses propres mains. Maddy a d'abord été déçue, mais elle a vite décidé de donner une chance à ce petit bateau.

Maddy et son petit bateau en bois se sont aventurés sur un lac calme, glissant paisiblement sur l'eau scintillante. À chaque aventure, Maddy se prit d'affection pour son humble embarcation. Elle a appris à apprécier le doux tapotement des vagues, le souffle léger du vent et le chant des oiseaux.

Un après-midi ensoleillé, alors que Maddy était assise au bord du lac, elle réalisa que le vrai bonheur pouvait se trouver dans les choses les plus simples. Son petit bateau en bois lui avait montré que les moments les plus précieux de la vie ne viennent pas des possessions matérielles, mais des expériences et des souvenirs que nous créons.

Adoptant les principes stoïciens qui consistent à trouver la joie dans la simplicité et à se contenter de ce qu'elle a, Maddy chérit son petit bateau en bois et les précieuses leçons qu'il lui a apprises. Elle n'aspirait plus à un bateau de luxe, car elle savait que les plus grands trésors de la vie ne se trouvent pas dans les possessions matérielles, mais dans le cœur.

~ Un Humble Goûter ~

Une histoire sur la sobriété et la recherche du bonheur dans la simplicité

Il était une fois un jour ensoleillé où Timmy, un petit garçon plein d'entrain, décida d'organiser le goûter le plus extravagant qui soit. Il a passé des semaines à planifier, utilisant son argent de poche pour acheter les décorations les plus fantaisistes et les friandises les plus savoureuses qu'il pouvait trouver. Il voulait que son goûter fasse parler de lui !

Le jour de la fête, des nuages noirs sont apparus et un orage a coupé l'électricité. Timmy sentit son cœur s'effondrer à mesure que ses plans élaborés s'écroulaient. Son grand-père, plein de sagesse, vit la déception sur le visage de Timmy et lui proposa un nouveau plan : un humble goûter aux chandelles, avec des friandises et des jeux faits maison.

Timmy hésita mais accepta d'essayer. Lorsque les invités sont arrivés, ils se sont rassemblés autour des bougies vacillantes et ont partagé des biscuits chauds et délicieux. Les enfants ont joué à des jeux simples, riant et appréciant la compagnie des autres.

À la surprise de Timmy, l'atmosphère chaleureuse a rendu la fête encore plus agréable ! Chacun se sentait spécial et apprécié, et les rires résonnaient dans toute la pièce. Timmy s'est rendu compte que la véritable joie d'un goûter ne résidait pas dans les décorations fantaisistes ou les friandises coûteuses, mais dans les liens tissés avec les amis et le plaisir qu'ils partageaient.

À partir de ce jour, Timmy a adopté la beauté de la simplicité et le pouvoir de l'amitié. Il a découvert que les moments les plus mémorables se trouvent souvent dans les réunions les plus humbles, où les rires, l'amour et le bonheur brillent plus fort que n'importe quelle extravagance.

~ Les Vœux Trompeurs de la Sorcière ~

Une histoire sur la sobriété et la recherche du bonheur dans la simplicité

Il était une fois une petite fille nommée Kaori. C'était une enfant heureuse, mais elle rêvait toujours d'avoir plus. Un jour, alors qu'elle jouait dans la forêt, elle rencontra une vieille

sorcière qui lui proposa d'exaucer autant de vœux qu'elle le souhaitait.

Kaori était folle de joie ! Elle souhaita un nouveau vélo, un chiot et une grande maison avec une piscine. Chaque vœu fut exaucé, mais les nouvelles choses apportèrent plus de problèmes que de joie. Le vélo était trop grand et difficile à conduire, le chiot mâchait tous ses jouets et la grande maison lui donnait l'impression d'être seule.

Un jour, Kaori rencontra un vieux hibou sage qui lui expliqua le plan diabolique de la sorcière. La sorcière voulait rendre les enfants malheureux en les poussant à vouloir toujours plus. Mais le meilleur moyen de déjouer le plan de la sorcière était d'apprendre à être heureux avec peu de choses.

Kaori se rendit compte qu'elle avait déjà tout ce dont elle avait besoin pour être heureuse. Elle avait sa famille, ses amis et une petite maison confortable. Elle décida d'arrêter de faire des vœux pour avoir plus de choses et au lieu de cela, elle se montra reconnaissante pour ce qu'elle avait.

La sorcière ne dérangea plus jamais Kaori, et elle vécut heureuse jusqu'à la fin de ses jours. Depuis ce jour, elle savait que le secret du bonheur n'était pas d'avoir plus, mais d'être heureuse avec ce qu'elle avait.

La Morale

La morale, c'est comme être un super-héros ! Tout comme les super-héros qui sauvent le monde, être moral signifie faire ce qu'il faut même lorsque personne ne regarde. C'est faire des choix qui sont bons et justes, même s'ils sont difficiles.

Imaginons que tu joues à un jeu avec tes amis et que tu pourrais facilement tricher pour gagner. Mais être moral signifie que tu ne triches jamais parce que ce n'est pas juste pour les autres joueurs. C'est comme si tu avais un pouvoir spécial qui te permettrait de faire les bons choix !

Les stoïciens pensent qu'être moral signifie faire ce qui est bien, même si c'est difficile ou si personne ne regarde. C'est comme être honnête quand on sait qu'on a fait quelque chose de mal, ou aider un ami même quand on n'en a pas envie. En étant moral, on se sent fier de soi, et les autres ont davantage confiance en nous et nous respectent.

Mais être moral, ce n'est pas seulement faire ce qu'il faut. C'est aussi penser de la bonne manière. Par exemple, si quelqu'un est méchant avec toi, au lieu de vouloir le blesser en retour, être moral signifie essayer de comprendre pourquoi il a agi de cette manière et essayer de lui pardonner.

Ce n'est pas toujours facile d'être moral, mais cela en vaut la peine. Cela t'aide à devenir une meilleure personne, à faire de bons choix et à vivre une vie plus heureuse. Et lorsque nous suivons tous les règles de la morale, nous pouvons créer un monde où tout le monde peut être en sécurité, heureux et respecté.

~ Le Bonbon Volé ~

Il était une fois une petite fille nommée Aanya qui adorait les bonbons. Chaque fois qu'elle passait devant un magasin de bonbons, ses yeux s'illuminaient d'excitation. Un jour, elle entra dans la confiserie et vit une sucette délicieuse. Elle en avait l'eau à la bouche, mais elle n'avait pas d'argent pour l'acheter. Elle se dit : "Personne ne le remarquera si j'en prends une."

Aanya glissa la sucette dans sa poche et commença à sortir du magasin. Soudain, sa conscience s'est mise à parler : "Aanya, ce n'est pas bien. Tu devrais remettre le bonbon à sa place et dire au propriétaire du magasin ce que tu as fait." Aanya savait que sa conscience avait raison, elle est donc retournée dans le magasin et a posé la sucette sur le comptoir. Elle a raconté au propriétaire du magasin ce qu'elle avait failli faire et s'est excusée.

Le propriétaire du magasin a été impressionné par l'honnêteté d'Aanya et l'a remerciée pour sa franchise. En guise de récompense, il lui a donné la sucette gratuitement ! Aanya a ressenti une sensation de chaleur et de confort dans son cœur, sachant que le fait d'avoir fait ce qu'il fallait lui avait apporté plus de joie que le bonbon n'aurait jamais pu le faire.

Remplie de joie, Aanya est sortie du magasin en sautillant, sa sucette à la main. Alors qu'elle marchait dans la rue, elle remarqua un petit garçon. Sans hésiter, Aanya s'est précipitée vers lui et lui a offert la sucette. Aanya se sentait heureuse de partager sa chance avec quelqu'un d'autre.

Depuis ce jour, Aanya a pris l'habitude de chercher des occasions d'aider les autres et de faire de bonnes actions. Elle s'est rendu compte qu'aucun bonbon ou possession matérielle ne pouvait lui apporter le même sentiment de satisfaction que la gentillesse et l'honnêteté, même si le bonbon est très tentant.

~ La Colombe Altruiste et le Corbeau Égoïste ~

Une histoire qui parle de morale

Il était une fois, dans un jardin verdoyant rempli de fleurs éclatantes et de fruits sucrés, une douce colombe et un corbeau rusé. Le jardin était un paradis pour toutes les créatures qui y vivaient.

La colombe avait le cœur tendre et pensait toujours aux autres, tandis que le corbeau était égoïste et ne se souciait que de lui-même. Les animaux du jardin admiraient la générosité de la colombe et se méfiaient des caprices du corbeau.

Un jour, le ciel devint gris et une terrible sécheresse s'abattit sur le jardin. La nourriture et l'eau, autrefois abondantes, devinrent rares. Le corbeau, qui ne pensait qu'à lui, commença à accaparer toute la nourriture restante, laissant les autres animaux souffrir.

La colombe, désintéressée, partagea le peu qu'elle avait avec les autres animaux, malgré ses propres besoins. Les actions de la colombe ont déclenché une vague de bonté, et bientôt, de nombreux animaux ont commencé à s'entraider, suivant l'exemple de la colombe.

Alors que la sécheresse se prolongeait, l'égoïsme du corbeau le laissait tout seul, tandis que l'altruisme de la colombe rapprochait les animaux les uns des autres. Les habitants du jardin travaillèrent en équipe, se soutenant mutuellement dans les moments difficiles.

Finalement, les pluies sont revenues et le jardin a prospéré à nouveau. Les animaux n'ont jamais oublié la gentillesse de la colombe et ont appris une leçon importante sur le principe moral stoïcien : être désintéressé et prendre soin des autres, même dans l'adversité, apporte le bonheur et l'harmonie à tous.

Ainsi, la colombe est restée un membre apprécié de la communauté du jardin, tandis que le corbeau égoïste a dû réfléchir aux conséquences de ses actes.

~ Le Tricheur ~

Il était une fois un concours scolaire dont le vainqueur recevrait un grand prix. Un garçon nommé Ben était déterminé à gagner, quoi qu'il arrive. Il pensa à tricher et élabora même un plan pour y parvenir. Mais il était loin de se douter que son plan allait échouer.

Lorsque le concours a commencé, Ben a essayé de tricher, mais son plan a été découvert et il a été disqualifié. Ben était déçu, mais ce qui l'a le plus blessé, c'est que ses amis ont perdu toute confiance en lui. Ils étaient contrariés qu'il ait même pensé à tricher, et ils ne voulaient pas être amis avec quelqu'un qui n'était pas honnête.

Ben a appris une précieuse leçon ce jour-là. Il s'est rendu compte qu'il ne valait pas la peine de tricher et que ses actes avaient des conséquences négatives. Il savait qu'il avait déçu ses amis et il s'en voulait terriblement.

À partir de ce moment-là, Ben a décidé d'être toujours honnête, même si cela signifiait perdre. Il a appris qu'il n'y a aucune moralité à tricher et que cela peut blesser les autres et soi-même. Il a commencé à reconstruire ses relations avec ses amis et s'est fait connaître pour son honnêteté et son intégrité.

Ben a appris une leçon précieuse sur la moralité : la triche peut sembler être un moyen facile de gagner, mais elle finit par avoir des conséquences négatives. Il est toujours préférable de faire ce qui est juste, même quand c'est difficile, parce que l'honnêteté et l'intégrité sont ce qui compte vraiment.

~ De l'Intimidation à la Compassion ~

Il était une fois un garçon nommé Tim qui aimait s'en prendre à ses camarades de classe. Il trouvait amusant de les taquiner et de les faire se sentir petits, mais il n'avait jamais réalisé à quel point cela les blessait. Jusqu'à ce qu'un groupe d'enfants plus âgés se mette à se moquer de lui. Soudain, Tim a compris à quel point il était douloureux d'être la cible de mots et d'actes aussi durs.

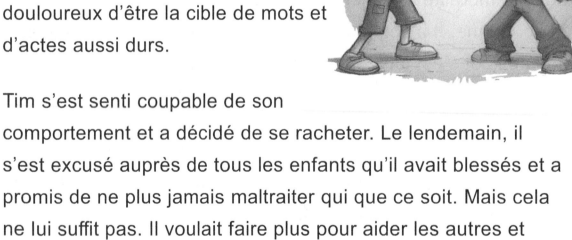

Tim s'est senti coupable de son comportement et a décidé de se racheter. Le lendemain, il s'est excusé auprès de tous les enfants qu'il avait blessés et a promis de ne plus jamais maltraiter qui que ce soit. Mais cela ne lui suffit pas. Il voulait faire plus pour aider les autres et empêcher que les harcèlements ne se reproduisent à l'avenir.

Tim a donc lancé une campagne de lutte contre les harcèlements à l'école. Il a fait des affiches avec des messages positifs et a organisé une réunion dans toute l'école pour parler de l'importance de la gentillesse et du respect. Lentement mais sûrement, la culture de l'école a commencé à changer et de plus en plus d'élèves ont commencé à se traiter les uns les autres avec empathie et compréhension.

Tim s'est rendu compte que ses actions passées avaient eu des conséquences négatives, mais il a également constaté que sa décision de changer et de devenir plus moral avait eu des conséquences positives. Il a appris qu'être gentil et respectueux envers les autres n'était pas seulement la bonne chose à faire, mais que cela lui permettait aussi de se sentir mieux dans sa peau. Et c'est là le principe stoïque de la moralité : faire ce qu'il faut, même quand c'est difficile, parce que c'est ce qu'il faut faire.

L'Humilité

L'humilité consiste à ne pas se croire meilleur que les autres, même si l'on est très bon dans un domaine. Imagine que tu joues à un jeu avec tes amis et que tu es très bon. Au lieu de te vanter et de te mettre en valeur, l'humilité consiste à dire quelque chose comme : "Nous avons tous fait du bon travail ensemble !"

L'humilité est une bonne chose parce qu'elle nous aide à être gentils et justes envers les autres. Lorsque nous sommes humbles, nous écoutons les autres et apprenons d'eux. Nous ne les rabaissons pas et nous ne pensons pas que nous sommes meilleurs qu'eux. C'est ce qui fait que les gens nous apprécient davantage et ont envie d'être nos amis.

L'humilité nous permet également d'éviter d'être trop orgueilleux et de commettre des erreurs. Parfois, lorsque nous pensons être les meilleurs, nous cessons d'apprendre et d'essayer de nouvelles choses. Nous pouvons même être méchants avec les autres ou penser que nous avons toujours raison. L'humilité nous rappelle que nous avons encore des choses à apprendre et qu'il est normal de faire des erreurs.

L'humilité, c'est aussi admettre ses erreurs et se réjouir de pouvoir encore s'améliorer. N'oublions donc pas de faire preuve d'humilité, même lorsque nous nous trompons. Nous pouvons nous excuser, essayer à nouveau et apprendre de nos erreurs. Et c'est une bonne chose, car cela signifie que nous grandissons et que nous nous améliorons chaque jour !

~ La Renarde Intelligente qui a Appris à se Taire ~

Il était une fois, dans une forêt remplie de grands arbres et de fleurs sauvages, une jeune et intelligente renarde nommée Franny. Franny était la renarde la plus intelligente de tout le pays, et elle aimait le dire à tout le monde. Elle se vantait souvent de son intelligence et de sa capacité à résoudre tous les problèmes qui se présentaient à elle.

Au début, les amis et la famille de Franny étaient impressionnés par son intelligence. Mais au fil du temps, ils se sont lassés d'en entendre parler. Ils ont trouvé ses vantardises agaçantes et ont même commencé à éviter sa compagnie.

Un jour, les parents de Franny ont remarqué son comportement et ont décidé d'avoir une discussion avec elle. Ils lui ont dit que c'était bien d'être intelligente, mais qu'il était important de développer d'autres compétences, comme l'humilité et la gentillesse. Ils lui ont expliqué que lorsqu'on est doué pour quelque chose, on n'est pas obligé de le dire à tout le monde. Il vaut mieux ne rien dire et laisser les gens découvrir naturellement ses qualités.

Franny a réalisé que ses parents avaient raison. Elle a décidé d'arrêter de se vanter et a commencé à se concentrer sur l'humilité et la gentillesse envers les autres. Elle a alors remarqué que ses amis et sa famille recommençaient à apprécier sa compagnie. Ils ont même commencé à remarquer son intelligence d'eux-mêmes, sans qu'elle ait à dire un mot.

Depuis ce jour, Franny a appris que la véritable intelligence ne se limite pas à être malin. Elle vient de la gentillesse, de l'humilité et du fait de laisser ses qualités briller d'elles-mêmes.

~ L'Écureuil Vantard ~

Une histoire sur l'humilité

Il était une fois, dans une forêt luxuriante, un fier écureuil nommé Nut. Nut pensait être le meilleur écureuil de la forêt, se vantant de son agilité, de son intelligence et de ses réflexes rapides auprès de ses amis écureuils. Il ne demandait jamais d'aide et travaillait toujours seul.

Un jour, alors qu'il ramassait des noix pour l'hiver, Nut tomba sur un énorme gland. Trop confiant en ses capacités, Nut décida de porter le gland tout seul. Cependant, le gland était beaucoup plus lourd que ce que Nut avait prévu, et il eut du mal à le porter.

Alors que Nut portait le gland, celui-ci lui échappa et tomba sur le sol en se fissurant. Les autres écureuils de la forêt ont vu ce qui s'était passé et ont proposé leur aide, mais Nut l'a refusée.

Déterminé à prouver sa supériorité, Nut passa le reste de la journée à essayer de ramasser autant de noix que possible par lui-même. Pendant ce temps, les autres écureuils travaillaient ensemble et ramassaient beaucoup plus de noix que Nut.

À la fin de la journée, Nut retourna à son nid avec seulement une poignée de noix, épuisée et embarrassée. Nut se rendit compte alors qu'il n'était pas le meilleur écureuil de la forêt et qu'il avait besoin de l'aide de ses amis écureuils pour survivre.

Depuis ce jour, Nut est devenu plus humble et a appris à apprécier la valeur du travail d'équipe.

~ Les Mystérieuses Bonnes Actions ~

Il était une fois, dans une école très animée, de mystérieuses bonnes actions qui se produisaient sans que personne ne les voit. Quelqu'un nettoyait les saletés, réparait les affiches et faisait d'autres choses agréables pour l'école. Les élèves et les enseignants étaient émerveillés et reconnaissants, mais personne ne savait qui se cachait derrière tout cela.

Un jour, deux frères, Omar et Ali, sont rentrés de l'école. Omar raconta avec enthousiasme les bonnes actions à leur père, mais Ali resta silencieux et évita de le regarder dans les yeux. Le père remarqua le comportement étrange d'Ali et demanda à lui parler seul à seul.

Le père lui demanda : "Sais-tu qui est à l'origine des bonnes actions de ton école ?" espérant une réponse honnête. Après un moment d'hésitation, Ali finit par admettre : "C'est moi."

"Pourquoi ne l'as-tu dit à personne ?" demanda son père.

"Je n'avais pas besoin de le faire," a répondu Ali. "Je suis juste content de pouvoir aider."

Le père a souri et a expliqué que le comportement d'Ali s'appelait l'humilité, une qualité merveilleuse que tout le monde ne possède pas. Il a dit à Ali combien il était fier de lui et combien il était important de faire de bonnes choses sans attendre de reconnaissance.

Depuis ce jour, Ali a continué à faire de bonnes actions pour son école, heureux de savoir qu'il contribuait à améliorer les choses. Il a appris une leçon précieuse sur l'humilité et le pouvoir de faire de bonnes actions sans chercher à être reconnu.

~ La Fourmi Arrogante et l'Abeille Serviable ~

Il était une fois, dans un jardin animé, une fourmi arrogante nommée Andy. Il était connu dans tout le jardin pour se vanter de sa force et de son intelligence. Andy pensait qu'il était le meilleur et le plus intelligent des insectes et qu'il n'avait besoin de l'aide de personne.

Un jour, Andy décida de construire la plus grande colonie de fourmis que le jardin ait jamais vue. Alors qu'il se mettait au travail, une humble abeille nommée Betty passa en bourdonnant. Elle vit Andy s'efforcer de soulever un minuscule caillou et lui proposa son aide.

"Non, merci !" souffla Andy. "Je peux le faire tout seul."

Betty s'envola discrètement, laissant Andy à sa tâche. Au fil des jours, Andy était de plus en plus fatigué et ses progrès étaient lents. Il se rendit compte qu'il ne pourrait pas construire la grande colonie tout seul.

Un matin, Betty revint et, sans dire un mot, commença à

aider Andy. Ensemble, ils travaillèrent sans relâche et bientôt, la plus grande colonie de fourmis fut achevée. Les tunnels étaient complexes et les chambres spacieuses, remplies du joyeux bourdonnement des fourmis.

Andy sentit une chaleur dans son cœur en regardant ce qu'ils avaient accompli. Il avait appris l'importance de l'humilité et la valeur du travail d'équipe. À partir de ce jour, Andy devint une fourmi plus gentille et plus serviable, toujours prête à donner un coup de main ou une aile à un ami dans le besoin.

⁞ L'Empathie ⁞

Explication

L'empathie consiste à essayer de comprendre ce que ressent une autre personne. Par exemple, si ton ami tombe et se blesse, tu seras peut-être désolé pour lui et tu voudras l'aider, au lieu de rire ou de te moquer de lui. C'est cela l'empathie : essayer d'imaginer ce que ressentent les autres et être gentil avec eux, même lorsque les choses ne vont pas bien.

L'empathie est une bonne chose car elle nous aide à être gentils avec les autres. Lorsque nous comprenons ce que ressent une personne, nous pouvons l'aider à se sentir mieux. Par exemple, si ton ami se sent triste, tu peux lui raconter une blague ou le prendre dans tes bras pour qu'il se sente mieux.

Les stoïciens pensent que l'empathie est importante parce qu'elle nous aide à devenir de meilleures personnes. En comprenant ce que les autres ressentent, nous pouvons être plus patients et plus compréhensifs avec eux. Nous pouvons également apprendre de leurs expériences et devenir nous-mêmes plus sages.

L'empathie est comme un super pouvoir que tout le monde peut utiliser. En essayant de comprendre ce que ressentent les autres, nous pouvons rendre le monde meilleur. Alors, la prochaine fois que tu verras quelqu'un qui a l'air triste ou contrarié, essaie d'imaginer ce qu'il ressent et de trouver des moyens de l'aider à se sentir mieux.

~ Ruby Change d'Avis ~

Il était une fois une petite fille nommée Ava. Elle aimait jouer avec ses poupées et faire semblant d'être une princesse dans un royaume magique. Mais Ava était différente des autres enfants car elle se déplaçait en fauteuil roulant.

Un jour, Ava est allée au parc et a vu un groupe de filles qui jouaient. Elle s'est sentie très excitée et a demandé si elle pouvait se joindre au groupe. Mais les autres filles ont regardé son fauteuil roulant et ont dit : "Non, désolée. On ne veut pas jouer avec quelqu'un qui ne peut pas courir et sauter comme nous."

Ava se sentit triste et seule. Elle ne comprenait pas pourquoi les autres filles ne voulaient pas jouer avec elle simplement parce qu'elle était en fauteuil roulant. Elle regardait les filles jouer de loin, se sentant exclue.

L'une des filles, Ruby, se sentait mal à l'aise par rapport à ce qui s'était passé. Elle n'aimait pas la façon dont ses amies traitaient Ava. Elle se disputa avec les autres filles, disant qu'il n'était pas juste d'exclure quelqu'un juste parce qu'il était différent.

Finalement, Ruby décida d'aller jouer avec Ava. Elles jouèrent à la poupée, prirent le thé et parlèrent de leurs princesses préférées. Ruby s'est rendu compte qu'Ava avait beaucoup d'amitié à donner et que le fait d'être en fauteuil roulant ne la rendait pas moins amusante lorsqu'il s'agissait de jouer avec elle.

Depuis ce jour, Ruby et Ava sont devenues de très bonnes amies. Ruby a appris que l'empathie était importante et que la gentillesse envers les autres pouvait déboucher sur des amitiés solides. Et Ava a appris qu'elle était aimée et acceptée telle qu'elle était.

~ Le Cœur Gelé de la Sorcière Glacée ~

Une histoire sur l'empathie

Il était une fois, dans un royaume magique recouvert de neige scintillante, la Sorcière Glacée qui régnait avec un cœur aussi froid que la glace. Personne n'osait l'approcher, car elle les congelait de son souffle glacé.

Par un beau jour, une jeune fille nommée Zaya s'aventura dans le royaume. Zaya avait un cœur plein de chaleur et de gentillesse qui pouvait faire fondre la

glace autour d'elle. Pendant qu'elle marchait, des fleurs s'épanouissaient et des stalactites s'écoulaient comme de minuscules cascades.

Courageusement, Zaya s'approcha du palais de la Sorcière Glacée. La Sorcière Glacée la regarda fixement, s'apprêtant à la congeler comme les autres. Mais Zaya sourit avec de grands yeux bruns pétillant d'empathie.

"Votre Majesté," dit Zaya avec douceur, "je vois que vous vous sentez seule. Mais si vous laissez l'amour et l'empathie pénétrer dans votre cœur, vous trouverez des amis dans ce royaume enneigé."

La Sorcière Glacée se moqua d'elle, mais quelque chose dans les mots de Zaya toucha son cœur gelé. Elle hésita, et à ce moment-là, une petite fissure se forma dans la glace autour de son cœur.

Zaya continua à rendre visite à la Sorcière Glacée, partageant des histoires, des rires et de l'empathie. Lentement mais sûrement, la glace autour du cœur de la Sorcière fondit, révélant un cœur plein d'amour et de bonté.

À partir de ce jour, la Sorcière Glacée régna avec empathie et le royaume magique s'épanouit, réchauffé par l'amour et l'amitié retrouvés entre la Sorcière et son peuple. Et tout le monde vécut heureux jusqu'à la fin des temps.

~ L'Abeille Solitaire et les Fourmis Bienveillantes ~

Une histoire sur l'empathie

Il était une fois, dans une prairie colorée remplie d'abeilles bourdonnantes et de fourmis actives, une abeille solitaire nommée Beebop. Beebop ne faisait jamais preuve d'empathie et était souvent impoli avec les autres insectes, ce qui le rendait assez impopulaire.

Par une chaude journée d'été, Beebop se retrouva perdu et séparé de sa ruche. Fatigué et affamé, il tomba sur une colonie de fourmis qui travaillaient ensemble pour ramener de la nourriture à leur nid.

Beebop observa les fourmis et ressentit de l'envie pour leur travail d'équipe et leur camaraderie. Malgré l'indifférence de Beebop, les fourmis au grand cœur décidèrent de l'aider.

La chef des fourmis, Amelia, approcha Beebop et lui dit : "Nous savons que tu n'as pas été gentil avec les autres, mais nous pensons que tout le monde mérite de l'empathie et de la gentillesse. Laisse-nous t'aider à retrouver le chemin de la maison."

Touché par la compassion des fourmis, Beebop sentit son cœur se gonfler de gratitude. Grâce aux conseils des fourmis, il retrouva rapidement le chemin de sa ruche.

Depuis ce jour, Beebop a appris l'importance de l'empathie et a traité les autres insectes avec gentillesse et respect. L'abeille autrefois solitaire noua de nombreuses amitiés et la prairie devint un endroit plus heureux et plus harmonieux, bourdonnant d'amour et de compréhension.

~ L'Éléphant Grincheux et la Petite Souris ~

Une histoire sur l'empathie

Dans une jungle luxuriante remplie d'animaux petits et grands, vivait un éléphant grincheux nommé Mobby. Mobby était toujours en train de ronchonner, ne montrant jamais d'empathie envers ses congénères. Il préférait qu'on le laisse tranquille.

Par un après-midi ensoleillé, une petite souris nommée Mimi se retrouva coincée dans un trou, incapable d'en sortir. Désespérée, elle appela à l'aide et sa petite voix parvint aux oreilles géantes de Mobby. Mobby entendit les appels de Mimi mais choisit de les ignorer. Au prix d'une lutte acharnée, Mimi réussit à se libérer seule.

Peu de temps après, Mobby se retrouva dans une situation délicate. En voulant attraper des feuilles, sa trompe s'emmêla dans les branches d'un arbre. Embarrassé, il essaya de se libérer mais ne fit que s'emmêler davantage.

C'est alors que Mimi est passée en courant et a vu la situation difficile de Mobby. Elle se souvint qu'il l'avait ignorée, mais elle rassembla tout de même ses amis souris et, ensemble, ils grignotèrent les branches, libérant ainsi la trompe de Mobby.

Surpris, Mobby demanda à Mimi : "Pourquoi m'as-tu aidée alors que je ne t'ai pas aidée avant ?"

Mimi sourit et répondit : "Parce que je crois qu'il faut aider les autres quoi qu'il arrive."

Mobby a compris l'importance de l'empathie et a senti son cœur changer. À partir de ce jour, il devint un ami plus attentionné, et la jungle fut remplie des rires et de la joie de tous les animaux, petits et grands, vivant en harmonie.

La Gratitude

La gratitude est comme un pouvoir magique qui t'aide à voir toutes les bonnes choses dans ta vie. Imagine que tu te réveilles un jour, que tous tes jouets aient disparu et que ta maison ne soit plus qu'une pièce vide. Tu te sentirais probablement très triste et tu regretterais toutes les choses que tu avais l'habitude d'avoir. La gratitude est le contraire de cela. C'est le fait de regarder autour de soi et de voir toutes les choses que l'on a et d'en être heureux et reconnaissant.

Les stoïciens pensent qu'être reconnaissant permet d'être plus heureux et plus satisfait. Lorsque tu te concentres sur ce que tu as plutôt que sur ce que tu n'as pas, tu réalises combien de choses extraordinaires tu as déjà dans ta vie. Peut-être as-tu une famille qui t'aime, un animal de compagnie qui te fait des câlins ou un plat préféré qui te fait toujours sourire. Lorsque tu es reconnaissant pour ces choses, tu te sens plus heureux et plus satisfait de ta vie.

La gratitude permet également d'être plus aimable avec les autres. Quand on se rend compte de la chance qu'on a, on a envie de la partager avec d'autres personnes. Peut-être partages-tu tes jouets avec un ami qui n'en a pas autant, ou tu aides quelqu'un qui en a besoin.

Alors, sois comme un magicien et utilise ton pouvoir de gratitude pour voir toutes les bonnes choses dans ta vie et partager cette bonté avec les autres !

~ Le Monde Parallèle d'Elvin ~

Une histoire qui parle de gratitude

Il était une fois, dans une forêt colorée, un jeune elfe nommé Elvin. Il était toujours en train de ronchonner, jamais content de son travail, de sa nourriture ou de ses amis. Rien ne semblait assez bon pour lui.

Un jour, un vieil elfe sage nommé Tylord entendit les plaintes incessantes d'Elvin. Se sentant responsable, Tylord décida d'enseigner au jeune elfe la valeur de la gratitude. Il agita son bâton magique et créa un portail scintillant vers un monde parallèle où Elvin avait tout ce qu'il pensait désirer.

Elvin fut émerveillé par ce nouveau monde, mais au fil du temps, il ressentit un vide étrange. Les plats raffinés étaient fades, la grande maison dans l'arbre était froide et ses nouveaux amis n'étaient pas aussi gentils que ceux qu'il avait laissés derrière lui. Les rires, les joies simples et la chaleur de son ancienne vie lui manquaient.

Voyant la tristesse d'Elvin, le sage Tylord apparut et demanda : "Comprends-tu maintenant le pouvoir de la gratitude, Elvin ?" Le cœur lourd, Elvin acquiesça. "Oui, sage Tylord. Je considérais ma vie comme normale, et maintenant je vois à quel point j'ai été chanceux."

Tylord sourit doucement et agita son bâton une fois de plus, transportant Elvin dans son monde d'origine. Retrouvant ses amis et son environnement familier, Elvin ressentit un élan de gratitude. Il se promit d'apprécier chaque moment, chaque repas et chaque ami à partir de ce jour.

C'est ainsi qu'Elvin, le jeune elfe, apprit la magie de la gratitude et vécut heureux jusqu'à la fin de ses jours.

~ Les Jouets Disparus ~

Une histoire qui parle de gratitude

Il était une fois un garçon qui s'appelait Antonio et dont la chambre était remplie de jouets. Il avait des petites voitures, des poupées, des blocs de construction, des jeux de société, des puzzles et bien d'autres choses encore. Ses parents travaillaient dur pour lui donner tout ce qu'il voulait, mais Antonio ne semblait jamais apprécier ses jouets. Il jouait avec eux pendant un petit moment, puis les laissait éparpillés sur le sol.

Les parents d'Antonio ont essayé de lui parler de l'importance d'être reconnaissant, mais il n'a pas compris. Il pensait qu'il était normal d'avoir beaucoup de jouets et ne se rendait pas compte de la chance qu'il avait. Il demandait toujours plus de jouets, n'étant jamais satisfait de ce qu'il avait déjà.

Un jour, Antonio s'est réveillé et a constaté que tous ses jouets avaient disparu ! Il a cherché partout, mais ils s'étaient volatilisés. Ses parents lui ont expliqué que ses jouets avaient disparu parce qu'il ne les appréciait pas assez. Au début, Antonio s'est senti en colère et confus. Il ne comprenait pas pourquoi ses jouets avaient disparu. Puis, en regardant sa chambre vide, il a commencé à réaliser à quel point il avait négligé ses jouets. Il a ressenti un profond sentiment de perte et a souhaité les retrouver.

Le lendemain, quand Antonio s'est réveillé, il a constaté que ses jouets étaient réapparus comme par magie ! Il était tellement reconnaissant de les avoir retrouvés qu'il les a tous serrés dans ses bras. À partir de ce jour, Antonio a joué avec ses jouets dès qu'il en a eu l'occasion, et il s'est assuré de les apprécier et d'en prendre soin.

Antonio a appris qu'être reconnaissant de ce qu'il avait le rendait plus heureux et plus sensible aux bonnes choses de la vie. Et qui sait, peut-être que ses jouets se sentent plus heureux et plus aimés maintenant qu'Antonio les apprécie davantage !

~ La Chenille Reconnaissante ~

Il était une fois, dans un jardin rempli de fleurs colorées, une petite chenille nommée Carl. Carl souhaitait toujours être autre chose, comme un oiseau ou un papillon. Il n'appréciait pas ses propres qualités.

Un jour, Carl rencontra un vieux papillon sage qui pouvait voir les difficultés de la chenille. Le papillon s'assit à côté de Carl et lui demanda ce qui n'allait pas.

Carl répondit : "J'aimerais juste être quelque chose d'autre, quelque chose de mieux."

Le papillon sourit et dit : "Mais Carl, tu es déjà quelque chose d'extraordinaire. Tu es une chenille et tu as le pouvoir de te transformer en un magnifique papillon."

Carl regarda le papillon avec surprise. "Je ne le savais pas," dit-il.

Le papillon acquiesça. "C'est vrai, Carl. Et tu as tellement de raisons d'être reconnaissant. Tu as ta santé, ta famille et la beauté de ce jardin."

Carl regarda les fleurs et le soleil autour de lui, et il sentit un sentiment de chaleur dans son cœur. Il s'est rendu compte qu'il avait considéré sa vie comme négative.

"Merci de me le rappeler," dit Carl au papillon. "Je suis reconnaissant pour tout ce que j'ai."

Sur ces mots, Carl a senti une vague de bonheur l'envahir. Il s'est rendu compte qu'il était déjà quelque chose de spécial et qu'il n'avait pas besoin d'être autre chose.

~ Le Jour où les Lumières ont été Coupées ~

Une histoire qui parle de gratitude

Il était une fois une petite fille qui s'appelait Adélaïde. Adélaïde était toujours émerveillée par tout ce qui l'entourait, des étoiles scintillantes dans le ciel aux fleurs épanouies dans son jardin. Elle était reconnaissante pour chaque petite chose de sa vie, mais ses parents ne semblaient pas partager son enthousiasme.

Un jour, une grosse tempête a coupé l'électricité dans leur maison. Les parents se plaignaient de l'impossibilité de regarder leurs émissions de télévision préférées, mais Adélaïde était enthousiaste. Elle dit à ses parents qu'ils devraient être reconnaissants de cette expérience car ils pourraient apprendre à apprécier le confort de la maison qu'ils considèrent habituellement comme normal.

Au fil de la journée, la famille a joué à des jeux à la lueur des bougies et s'est raconté des histoires drôles. Les parents d'Adélaïde ont commencé à voir les choses à travers les yeux reconnaissants d'Adélaïde et ont réalisé qu'ils étaient reconnaissants pour l'amour et les rires qu'ils partageaient en famille, malgré l'absence d'électricité.

C'est alors qu'Adélaïde les a tous surpris. Elle dit : "Nous

pouvons aussi être reconnaissants pour le manque de confort, parce que nous sommes ensemble en tant que famille, et c'est tout le confort dont nous avons vraiment besoin !" Ses parents se sont regardés et ont souri, réalisant que leur petite fille était pleine de sagesse.

À partir de ce jour, la famille a commencé à exprimer sa gratitude pour toutes les petites choses de la vie, y compris les uns envers les autres. Les parents d'Adélaïde ont appris que parfois, les choses les plus petites et les plus simples peuvent apporter le plus de joie et de réconfort.

Made in the USA
Las Vegas, NV
16 December 2023

82901273R00070